CONSÉCRATION

DU TEMPLE DE LA RAISON,

PAR LES SANS-CULOTTES

DE LA COMMUNE D'AUTUN.

Le *Decadi* 20 Frimaire, l'an 2 de la République.

DEPUIS long-temps, la RAISON avoit son sanctuaire dans le cœur des Républicains d'Autun, mais il falloit aussi lui consacrer un temple visible. Il convenoit que l'autel du fanatisme devint celui de la vérité.

Le jour étoit aussi pur que la cérémonie qu'il devoit éclairer. Une salve d'artillerie annonce la fête ; le tambour fait entendre, dans toutes les rues de la commune, ses roulemens guerriers : chacun fait ses préparatifs, la gaieté brille sur tous les fronts.

Une multitude innombrable de citoyens de tout âge et de tout sèxe, couvroit déjà la terrasse du champ de mars. Les différens groupes destinés à orner la fête s'arrangent, se disposent. Enfin l'heure arrive; on s'ébranle, on se met en marche.

Les Canonniers s'avancent avec leurs canons; ils sont suivis d'un peloton de montagnards, (c'est ainsi qu'on nomme les ci-devant grenadiers d'Autun.) Les arts et métiers marchent à la file; ceux qui les représentent, sont les ouvriers et les artisans eux-mêmes; ils n'ont pas d'autre costume que celui de leur travail; chacun porte les outils et les instrumens qui lui sont propres. Tous offrent le spectacle frappant de cette activité industrieuse, qui fait la prospérité de la République.

L'espérance de la patrie vient après

eux ; ce sont les élèves qu'elle se plait à former ; jeunesse intéressante, qui n'offre encore que de la candeur , mais qui déploiera bientôt un courage utile à la liberté.

A la suite, marchent les saisons, qui représentent les différens âges, et les diverses révolutions du tems. L'hyver est figuré par quatre vieillards à cheveux blancs ; le printems par quatre jeunes filles vétues de lin, couronnées de roses, portant des fleurs et des guirlandes , respirant cette fraicheur native , cette sérénité charmante qui caractérisent le plus bel âge et la saison la plus riante. L'été non moins aimable nous présente quatre Cérès, portant aussi des couronnes et des guirlandes d'épis jaunissans, à travers lesquels brille le bluet. Quatre autres beautés, formant le groupe de l'automne ; toutes portent la corbeille de Pomone et celle du Dieu des raisins , toutes sont ornées de couronnes et de guirlandes mêlées de fruits , toutes représentent l'abondance et la fécondité de la nature.

Un peloton de montagnards s'avance après les saisons; un corps bruyant de tambours les suit. Alors le buste de Lepelletier paraît ; quatre citoyens en lévites et couronnés de cyprès, lesoutiennent sur leurs épaules ; quatre citoyennes l'accompagnent, portant des branches de cyprès et des fleurs. Chacun est ému, chacun fixe avec attendrissement ses regards sur le martyr de la liberté. (Immortel Marat , tu ne décorois point la cérémonie, nous ne possédions pas ton buste ; mais ton auguste image , mais l'exemple de tes vertus étoient profondément gravés dans nos cœurs!)

Vingt - quatre citoyennes suivent le buste de Lepelletier, vêtues de blanc, et portant toutes des couronnes analogues à leur emploi. Les unes soutiennent des brâsières, où brûlent continuellement des aromates et des parfums ; les autres représentent la vertu, parée de cet air de candeur et d'innocence, qui commande l'amour et qui prescrit le respect. Deux groupes représentent, l'un les sciences, l'autre les arts. Les sciences sont couronnées de lauriers, un voile de lin couvre leurs attraits modestes ; elles portent dans leurs mains des globes, des sphères, des instrumens de physique, d'astronomie, de géométrie. Les arts sont couronnés de myrtes et de roses ; ils sont rians et aimables comme la nature qu'ils imitent ; ils portent les attributs de la peinture, de la musique, de l'architecture, de la sculpture.

Au milieu de ces différens groupes, s'avance majestueusement l'arche de la constitution , portée par quatre citoyens vétus en blanc, et ceints d'une écharpe tricolore ; le livre de la constitution y est renfermé. Sur l'une des faces on lit: *elle assure votre bonheur* ; sur l'autre, *elle vous rendra invincibles* ; sur la troisième, *vive la liberté* ; sur la quatrième, *vive la République.*

Un chœur de voix d'hommes, soutenu par une musique brillante , accompagne ce nombreux cortège; on chante des hymnes à la liberté, on invoque la vérité, la raison; on conjure avec instance ces divinités sacrées, de faire briller leurs flambeaux et d'achever notre bonheur.

Paroissent ensuite les membres composant les autorités constituées, tous portant leur décoration et le bonnet rouge ; après eux marche une députation de la société populaire, les officiers muni-

cipaux des campagnes ornés de leurs échar-
pes ; la garde nationale , et la gendarme-
rie du district ; enfin, un corps de cavalerie
que le zèle a formé pour orner la fête.
Suivent en foule tous les autres citoyens ;
ils mêlent leurs transports aux élans de
l'allégresse publique , et tous brûlent
de sacrifier sur l'autel de la RAISON.

Après une marche longue et variée,
on arrive au temple (à la ci-devant
cathédrale.) Quel changement se présente aux yeux ! à la place du grand
autel on voit paraître une montagne
immense ; des buissons, des rochers,
des tapis de verdure bordent les sentiers
mousseux qui conduisent jusqu'au sommet.
Là, un roc isolé s'élève ; un monstre
affreux y domine encore; c'est le fanatisme accompagné de tous ses satellites.
Il est semblable aux spectres , qui
sortent des tombeaux ; un linceuil blanc

le couvre depuis la tête jusqu'aux pieds ; une large ceinture noire est à l'entour de ses reins ; une longue barbe grise qui descend sur sa poitrine, annonce la durée des superstitions et l'antiquité des chimères dont il a bercé les peuples ; il tient dans ses mains une croix, instrument terrible et semblable à la foudre, qu'il paraît prêt à lancer sur les amis de la RAISON.

Un chœur de musique fait entendre des accens lugubres ; ce sont autant de traits lancés contre le monstre dominateur. Un citoyen alors monte sur la montagne, un rocher lui sert de tribune. Il déclame avec force contre le fanatisme, et les erreurs ténébreuses dont il a offusqué la raison humaine. Il peint avec énergie les ravages dont il a couvert le monde, les flots de sang qu'il a fait répandre, les victimes sans nombre que sa rage a immolées. Il annonce que le tems est venu enfin d'ouvrir les yeux et de terrasser le monstre exécrable. Qu'il tombe, s'écrie-t-il, qu'il se précipite dans les gouffres ténébreux, que ses propres mains ont creusés. . . . . . Les voix de tous les citoyens s'unissent aux accens de l'orateur; le monstre épouvanté entre en convulsion, il s'agite avec fureur, il se précipite comme de lui-même du sommet de la montagne ; ses satellites disparoissent également, le fanatisme n'est plus.

Mais la RAISON a pris tout-à-coup sa place ; quelle grandeur ! quelle majesté ! une citoyenne remplit cette fonction subli- me ; la douceur et l'énergie sont peintes sur son visage ; un manteau blanc couvre ses épaules ; le casque de Pallas brille sur son front. La Liberté et l'égalité l'accompagnent ; la liberté porte un

A 4

bonnet rouge, et balance dans ses mains un drapeau aux trois couleurs ; l'Égalité tient une règle et une équerre, symbole intéressant des bienfaits qu'elle annonce aux hommes. En voyant l'auguste déesse, tous les esprits sont transportés, tous les cœurs veulent manifester leurs vœux, toutes les voix veulent se faire entendre. Elle obtient silence avec peine, elle dit : (*)

Abjurez, citoyens, vos antiques erreurs ;
Que la vérité seule obtienne votre hommage,
Brisez, brisez les fers d'un honteux esclavage,
Connoissez la RAISON, réparez vos malheurs ;
Oubliez à jamais que vous eûtes des maîtres,
Soyez dignes enfin de défendre vos droits,
Gardez-vous des fureurs et du poignard des traîtres,
Renversez les complots des tyrans et des rois.
Ecrasez sous vos pieds ce masque d'imposture,
Que de vils préjugés imposoient sur vos fronts ;
Profitez du moment, lavez tous vos affronts,
Et ne sacrifiez qu'au dieu de la nature.

(*) Le discours, tel qu'il a été prononcé, se trouve après la description de la Fête.

De vifs applaudissemens répondent au discours de la déesse ; le canon tonne ; les voûtes du temple retentissent au loin du cri : *vive la Raison.* Un intervale de silence succède à ces éclats bruyans. Un nouvel orateur monte sur le rocher qui sert de tribune ; il s'attache à peindre les avantages de la Raison, et tous les bienfaits que va répandre cette aimable divinité. Il fait voir combien ses dogmes sont sublimes et consolans. Il met sous les yeux l'insuffisance et les faussetés de l'ancien culte ; il expose les prodiges et les merveilles que le nouveau doit produire. Il fait sentir combien il est propre à relever la dignité avilie de l'homme , à exciter dans les cœurs l'amour des vertus civiques et cette énergie puissante d'où dépendent la grandeur et la prospérité de la Patrie.

L'émotion des citoyens alloit de

de nouveau se manifester par des transports éclatans ; mais le chœur tout-à-coup se rend maître de l'attention, il chante le morceau qui suit :

C'est ici le temple sublime
Où la raison dicte ses loix,
Où fume un encens légitime,
Où le peuple connoît ses droits :
FRANÇAIS, célébrez votre gloire ;
L'éclat pur de la vérité
Accompagne votre victoire ;
Il éclaire la liberté.

Nous foulons aux pieds l'imposture
Du fanatisme confondu ;
Dans le sein de la nuit obscure,
Il fuit loin de nous éperdu :
Français, etc.

La raison seule a notre hommage,
La raison sourit à nos vœux ;
Aimons, adorons son image,
Suivons ses loix, soyons heureux.
Français , etc.

Sous son règne que l'abondance
Ranime les cœurs abattus ;
Que la Déité de la France
Y fasse régner les vertus :
Français, célébrez votre gloire ;
L'éclat pur de la vérité
Accompagne votre victoire ;
Il éclaire la liberté.

Pendant que le chœur chantoit, tous les groupes de citoyennes s'empressoient de porter leurs offrandes sur l'autel de la raison ; c'étoit un concours continuel sur la montagne et dans le sentier qui conduisoit vers le lieu où étoit son trône. Les saisons offroient à l'envi leurs fleurs, leurs moissons, leurs fruits ; les vertus, les sciences s'inclinoient devant elle, et faisoient hommage de leurs symboles. On pouvoit dire que la raison étoit la seule qui, désormais, fût digne de régner sur nous, et d'animer par ses regards, et les sciences, et les vertus, et tous les arts précieux, qui sont les fils de l'industrie. Une voix douce s'élève, c'est celle d'une citoyenne ; elle s'adresse aux différens groupes formant les saisons, les arts, les vertus, les sciences ; elle chante :

O vous, beautés, que l'on admire !
Recevez nos vœux, notre encens ;
Tout l'univers est votre empire,
Vous régnez sur l'ame et les sens ;
Ici recevez les sermens
Du tendre objet qui vous adore ;
Changez en époux vos amans,
Changez en fruits les dons de Flore.

L'assemblée applaudit, elle accepte un présage aussi favorable, aussi avantageux à la République. Il devoit entrer dans une fête consacrée à la Raison, de provoquer des unions saintes, que

le desir formoit depuis long - temps
dans le silence et dans le secret des
cœurs.

Avant de se retirer, on chante plu-
sieurs autres morceaux en chœur. On
s'élève, on tonne de nouveau contre
l'impur fanatisme ; on invoque la liberté,
la vérité, la nature. On invite tous les
peuples à briser leurs fers, à frapper
tous les tyrans, à ne reconnoître désormais
que des Divinités bienfaisantes et amies
du bonheur des hommes. On répéte
avec complaisance le couplet suivant :

> Le sceptre de la tyrannie
> Ne pèse plus sur les Français ;
> La liberté, par ses succès,
> Fait le bonheur de la patrie ;
> A qui devons-nous ces bienfaits ?
> A la PHILOSOPHIE.

On sort du temple de la RAISON, dans le

même ordre qu'on y est venu. Mais cette seconde marche est plus animée que la première. On y manifeste tous les transports que peut inspirer une victoire. La Déesse de la raison s'y fait remarquer, comme une triomphatrice, qui a dissipé toutes les chimères, et vaincu toutes les erreurs.

Après avoir parcouru les principales rues de la Commune, on arrive de nouveau sur-le-champ de mars. Un bûcher s'y élève ; il est couvert de tous les attributs qui rappellent les erreurs superstitieuses, nobiliaires, monarchiques. La Raison voit avec dédain ce vil amas de tant d'objets, qui ne servirent qu'à l'égarement et à l'oppression des peuples. Elle s'arme d'un flambeau, elle y met le feu ; la flamme s'élève rapidement, en un instant tout est dévoré.

On arrive enfin à l'autel de la patrie; la Raison se place sur le point le plus élevé; la Liberté et l'Égalité ne la quittent pas. Les différens groupes des citoyennes s'arrangent de part et d'autre sur les gradins, et présentent tout-à-la-fois le plus agréable et le plus imposant spectacle. Alors recommencent de nouveaux chans; la joie publique manifeste de nouveaux transports. Un citoyen élève la voix, il rappelle les bienfaits que la Déesse doit répandre sur ses enfans. Il fait voir les saisons diverses prodigant à l'envi leurs dons; les sciences et les arts cultivés et florissans; l'émulation excitée, l'industrie favorisée, le commerce encouragé. L'allégresse éclate encore, on s'écrie : VIVE LA RAISON ; et ce cri n'est interrompu que par les éclats du canon que l'écho redouble à l'envi.

Un autre orateur va parler le langage de la raison. Il s'attache à démontrer que le culte des Français est le seul culte véritable, le seul qui honore la Divinité, et dont la nature n'ait point à rougir. Il fait voir que toutes les erreurs qui rendoient le peuple malheureux, n'étoient qu'un effet des manœuvres sacerdotales. La vérité brille dans ses discours ; les applaudissemens se renouvellent, et des chans patriotiques terminent la cérémonie.

On se retire dans la salle des amis de la République : là, au bruit des chœurs et des instrumens, on dépose le buste de Lepelletier, et l'arche qui renferme notre Constitution sacrée. On félicite les citoyennes du zèle qu'elles ont montré à embellir la fête de la raison ; elles jurent une fidélité constante à la nouvelle Divinité des Français. Une illumination.

illumination libre et un bal civique,
prolongent dans la nuit les plaisirs du
jour. Tel est l'enthousiasme qu'a inspiré
la fête de la raison, que tous les citoyens
se promettent de la renouveller souvent,
et qu'ils comptent désormais parmi leurs
momens les plus précieux, ceux qu'ils
consacreront, dans la suite, à expier leurs
anciennes erreurs.

DISCOURS

Prononcé par la Déesse de la RAISON.

FRANÇAIS,

DOUCEMENT bercés par le despotisme le
plus adroit, vous dormiez paisiblement
sur les bords enchantés d'un abyme
sans fond : le fanatisme et l'orgueil
l'avoient creusé sous vos pieds ; le
danger étoit grand, et vous vous êtes

éveillés, le cœur plein de cette indignation profonde, que la scélératesse inspire à l'homme de bien.

Vous avez brisé vos fers : les tyrans consternés, ont envain déployé toutes leurs forces, pour vous ramener à l'esclavage ; ils ont prodigué l'or ; ils ne savoient donc pas, les insensés, que la masse d'un peuple régénéré est incorruptible ; et que toujours le sang des traîtres cimenta la liberté.

Les prêtres et les rois, dans leur rage impuissante, portoient le fer et le feu sur tous les points de la République ; soudain, la RAISON vous éclaire, elle guide votre marche à travers les écueils ; vous osez enfin regarder de près les monstres qui vous tenoient asservis, et d'une main assurée, vous renversez les idoles, auxquelles vous sacrifiez, naguère, avec tant de pompe et de crédulité.

Maintenant, la Liberté reposera sur des fondemens inébranlables ; vous n'aurez plus d'autre culte que celui de la nature et de la vérité ; c'est le seul que la Raison avoue ; et c'est le seul aussi qui soit digne de l'Être suprême, puisque lui-même le grava dans nos cœurs. Il est de touslestems, il appartient à tous les peuples ; des mœurs honnêtes, les vertus sociales, la douce égalité les réuniront tous pour leur bonheur.

Dieu de la nature ! contemple ton ouvrage : vois *les Français* généreux et sensibles abjurer leurs erreurs, assure le triomphe de la vérité, et que la chute des tyrans, ramène sur la terre la paix et la félicité.

VIVENT LES PEUPLES LIBRES ! VIVE LA CONVENTION ! VIVE, VIVE A JAMAIS LA RÉPUBLIQUE !

EXTRAIT

Du Registre de la Société populaire d'Autun, Séance du 22 Frimaire, l'an second de la République.

PRÉSIDENCE DE MASSON.

Un membre a dit : Citoyens, nous venons de célébrer la fête de la Raison, nous venons de célébrer ses victoires sur le fanatisme. Il convient de faire connoître, que nous aussi, nous connoissons les principes que la nature inspire à tous, et que nous portions, depuis long-temps, gravés dans nos cœurs. Je demande qu'il soit fait de cette fête une description détaillée, qu'elle soit imprimée aux frais de la Société, et envoyée à toutes les Sociétés du Département, à celle des Jacobins de Paris, à la Convention, etc.

La proposition a été adoptée à l'unanimité.

Signé, MASSON, *Vice-Président ;* GRANET, CROISIER, BAUDEAU, et DELANGRES, *Secrétaires.*

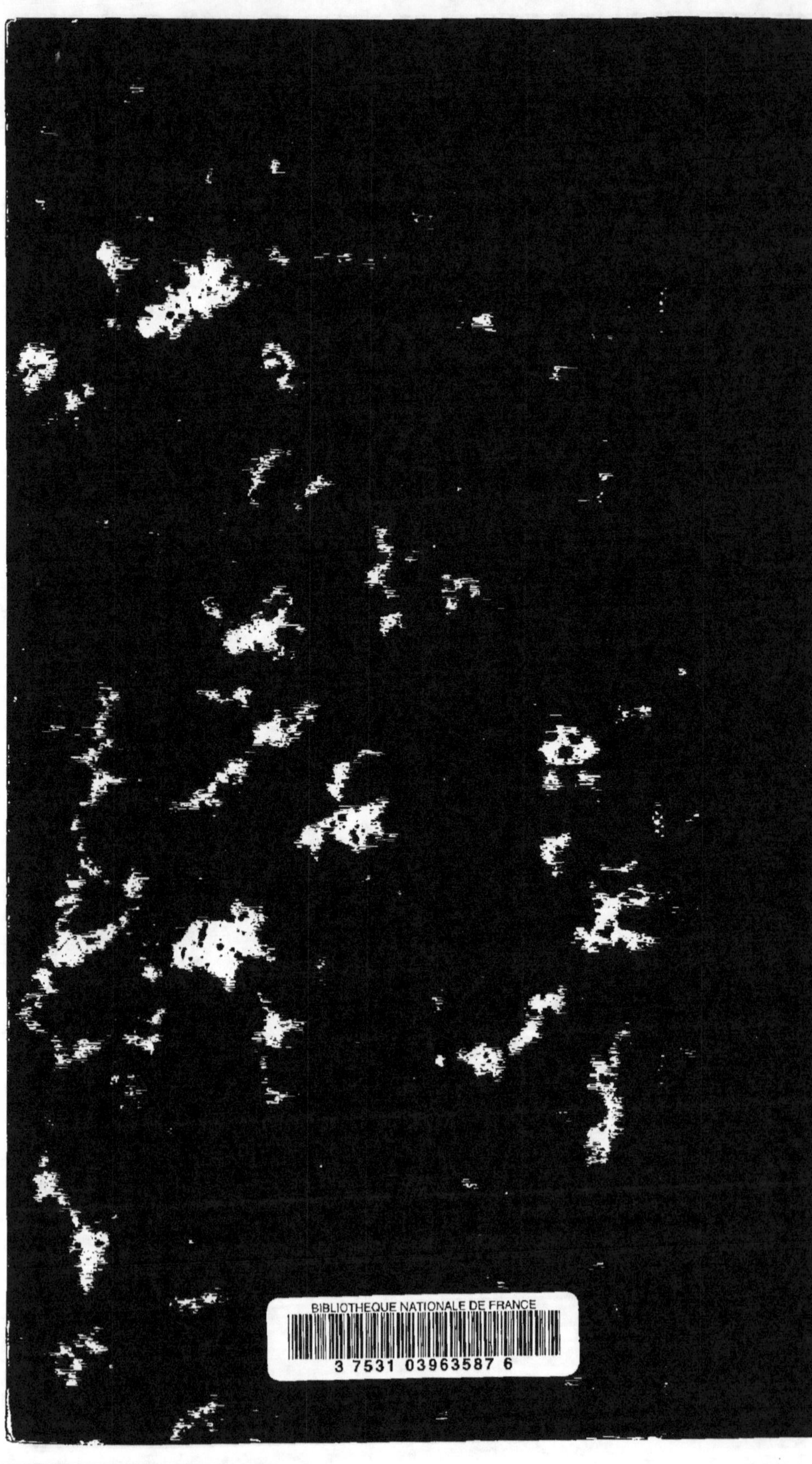